국립중앙도서관 출판시도서목록(CIP)

친절을 미워한 헤이티 / 글: 마곳 선더랜드 ;
그림: 니키 암스트롱 ;번역: 이재훈 외.
서울 : 한국심리치료연구소, 2007
p. ;　cm
원서명: How Hattie hated kindness
원저자명: Sunderland, Margot
참고문헌 수록

ISBN 978-89-87279-58-9 74180 :
ISBN 978-89-87279-51-0(전19권)

183.2-KDC4　　CIP2007002720

How Hattie hated kindness

친절을 미워한 헤이티

발행일　2007년 9월 15일
지은이　마곳 선더랜드와 니키 암스트롱
옮긴이　이재훈 외
펴낸곳　한국심리치료연구소
등록 제 22-1005호(1996년 5월 13일)
주소　서울시 종로구 적선동 156 (광화문플래티넘 918호)
Tel 730-2537, 2538　　Fax 730-2539
http://www.orips.net　E mail: orips@orips.net

ISBN 89- 87279-58-8 74180
ISBN 89- 87279-51-0 74180(전 19권)

친절을 미워한 헤이티

글
마곳 선더랜드

그림
니키 암스트롱

번역
편집부

한국심리치료연구소

어떤 섬에 헤이티라는 작은 소녀가 살고 있었어요.

헤이티는 딱딱하고 뾰족한 것을 좋아했어요.

헤이티는 상어와 게, 그리고 침으로 쏘는 지네를 좋아했어요.
무는 것이라면 무엇이든 좋아했어요.

어느 날, 헤이티가 사는 섬에 작은 배들이 들어왔어요. 그들은 "안녕, 헤이티! 우리가 너에게 멋진 음악을 들려 줄게," 라고 말했어요.

"저리 가!" 헤이티는 소리를 지르면서, 강하고 거센 바람을 일으켜 배들을 날려보냈어요.

다음 날, 비행기가 날아 왔어요.
"안녕, 헤이티! 우리는 네가 갖고 놀 작은 인형들을 가져 왔어."

헤이티는 “**저리 가!**” 하고 소리치면서,
비행기를 물에 빠뜨렸어요.

다음 날 사람들이 헤이티가 사는 섬에 다리를 놓았어요.
“안녕, 헤이티! 우리는 널 위해 부드러운 베개와 포근한 담요를 가져왔어.”

"**꺼져버려!**" 헤이티는 고함을 치면서
그 날 아침에 만든 로켓으로 다리를
폭파시켰어요.

다음 날, 갈매기들이 섬에 들러 헤이티에게 함께 낚시를 하러 가자고 말했어요.

"냄새나는 것들!" 하고 소리친 뒤 헤이티는 침을 뱉고
발로 차고 날개를 뽑으려고 했어요.

그날 후로 아무도 섬에 오지 않았어요. 아무도 헤이티를 보러 오지 않았어요.

헤이티는 너무 외로웠어요.

"오, 안 돼!" 헤이티는 생각했어요. "정말로 쫓아내려고 했던 건 아닌데. 그냥 그렇게 부수고 망치는 게 기분 좋았을 뿐이었는데."

기분이 엉망이 된 헤이티는 바닷가에 있는, 유난히 딱딱하고 뾰족한 바위 위에 앉았어요.

헤이티는 생각하고 또 생각했어요.

"왜 이렇게 된 거지?" 헤이티는 자신에게 물어보았어요.
"왜 나는 부드러운 걸 싫어하고 딱딱한 걸 좋아하지? 왜 나는 친절한 걸 싫어하고 못되게 굴려고 하지? 왜 나는 예쁜 걸 싫어하고 못생긴 걸 좋아하지? 왜 나는 사랑을 미워하고 미움을 사랑하지? 난 정말 나쁜 아이인가 봐."

그 때, 찰랑대며 헤이티의 발바닥을 간질이던 바닷물이 헤이티가 하는 말을 들었어요. “헤이티가 나쁜 게 아니야. 헤이티는 단지 마음이 아픈 거야.” 바닷물은 헤이티를 부드럽게 어루만져 주었어요.

헤이티는 코웃음을 쳤어요. "바보 같은 찰랑이, 미칠 듯 성난 바다가 되란 말이야. 거센 파도로 바위에 부딪쳐봐!" 헤이티는 온 힘을 다해 바닷물을 걷어찼지만, 웬일인지 성이 풀리지 않았어요.

발밑에서 찰랑대는 바닷물은 계속해서 “네 마음이 친절한 사람들, 꽃과 새들, 그리고 부드럽고 사랑스러운 것들로 가득하다면, 너는 거칠고 미운 것을 더 이상 원치 않게 될 거야. 차갑고 딱딱한 세상에서 따뜻한 마음을 간직하기란 정말 어렵단다.” 하고 말했어요.

헤이티는 찰랑대는 바닷물이 했던 말이 어렴풋이 기억났어요. 한 때 헤이티는 매우 슬프고 겁에 질린 어린 아이였거든요. 헤이티는 강해져야만 했어요. 두려움과 아픔에서 멀어지기 위해.

"하지만 난 부드러워지는 게 두려워." 헤이티는 슬프게 말했어요. "내가 너를 도와줄게," 찰랑대는 바닷물이 대답했어요.

그래서 헤이티는 날마다 딱딱하고 뾰족한 바위에 앉아
바닷물이 발을 어루만지도록 허락했어요.

그리고 매일 마음이 조금씩 따뜻하고 차분해지는 걸 느꼈어요.
또 친절한 세상에 대해서도 조금씩 알게 되었어요.

얼마 후 헤이티는 딱딱하고 뾰족한 바위 대신 햇빛이 밝게 비치는 모래언덕에 앉았어요.

그때 아주 큰 집게발을 가진 바닷게가 다가오더니 헤이티에게 작고 하얀 조개껍질을 주었어요.

"난 화가 나서 물기만 했었어," 바닷게는 말했어요. "그런데 부드러운 바닷물이 나를 어루만져 주었지."

헤이티와 바닷게는 아주 좋은 친구가 되어 조개껍질과 조약돌
그리고 예쁜 색깔의 해초를 서로 주고받았어요. . .
물론 때로는 장난스럽게 꼬집기도 하면서!

그 후, 헤이티는 바다 건너 따뜻하고 포근한 세상으로 가는 다리를 놓았어요.

사람들이 모두 바닷가에 나와 손을 흔들며 인사했어요.

"어서와, 헤이티!"

"모두 안녕!"

분노와 증오에
사로잡힌
아동을 도우려면

Helping children locked in rage or hate

by Margot Sunderland & Nicky Armstrong

분노와 증오에 사로잡힌 아동을 도우려면

발행일 · 2007년 9월 15일
지은이 · 마곳 선더랜드와 니키 암스트롱
옮긴이 · 이재훈 외
펴낸곳 · 한국심리치료연구소
등록 · 제 22-1005호(1996년 5월 13일)
주소 · 서울시 종로구 적선동 156 (광화문플래티넘 918호)
Tel · 730-2537, 2538 Fax 730-2539
http://www.orips.net E mail: orips@orips.net

ISBN 978-89-87279-68-8 74180
ISBN 978-89-87279-51-0(전19권)

국립중앙도서관 출판시도서목록(CIP)

분노와 증오에 사로잡힌 아동을 도우려면 / 글: 마곳 선더랜드 ;
그림: 니키 암스트롱 ; 번역: 이재훈 외. --
서울 : 한국심리치료연구소, 2007
p. ; cm

원서명: Helping children locked in rage or hate
원저자명: Sunderland, Margot
참고문헌 수록
ISBN 978-89-87279-68-8 74180
ISBN 978-89-87279-51-0(세트)

183.2-KDC4 CIP2007002713